DES

DIVERS PROJETS

DE

CONSTITUTION

POUR LA FRANCE.

DES

DIVERS PROJETS

DE

CONSTITUTION

POUR LA FRANCE.

PARIS,

MAME FRÈRES, IMPRIMEURS,

rue du Pot-de-Fer, n° 14.

1814.

DES ÉLEMENS

D'UNE

CONSTITUTION FRANÇAISE.

La circonstance la plus heureuse de la révolution actuelle, c'est que le retour de la maison de Bourbon est absolument nécessaire. Il n'y avait pas un autre dénouement possible. L'empereur Napoléon était perdu sans ressource quand il a abdiqué. Pour le défendre, l'armée avait prodigué son sang, et la France toutes ses ressources. Pendant deux mois il a lutté avec son talent et son activité accoutumés contre des forces quadruples. Tout ce qui l'entourait lui a été fidèle jusqu'au dernier moment. L'obéissance était complète, ou à peu près. Les alliés, et en cela ils se sont mépris, au lieu de reconnaître hautement la maison de

Bourbon au moment où Napoléon rompit l'armistice, du moins après la bataille de Leipsick, sont entrés en France sans annoncer aucune préférence pour notre ancienne dynastie ; ils ont traité sans cesse avec Napoléon. Jusqu'au dernier jour on a pu croire que la paix était possible pour lui. Le destin ne lui a rien refusé ; il a obtenu de grands succès ; mais sa perte était écrite et là haut et dans son propre caractère, où jamais n'entra un autre projet, une autre espérance, que de refaire, en se servant des hasards heureux qui pourraient se présenter, la haute fortune que ses chances bien mises à profit lui avaient déjà donnée. Ainsi il est tombé sans avoir été trahi, ni par le sort, ni par ses talens, ni par ses soldats, ni par ses sujets. Lui-même s'est détruit. Aucun de ceux qui, par haine ou par crainte, préféraient son gouvernement au retour de nos rois, ne peut avoir d'irritation contre l'événement. Leur empereur a perdu la partie, après avoir joué tout son jeu ; ce n'est pas une faction qui l'a renversé, ce n'est point la force de l'opinion ; il a fini sans que ses partisans puissent en avoir rancune contre personne. Lui tombé, que devait-il arriver ? La république ? Il ne pouvait en être question. La régence de l'impératrice ? Mais comment, Napoléon vivant, son fils eût-il pu régner? Les alliés auraient donc emmené le père en otage, et eussent relégué prisonnier dans quelque forteresse le fondateur d'une dynastie, le père de celui à qui ils auraient attribué le trône de France? Cela est absurde. D'ailleurs, au point où commençaient à en être les choses, c'eût été un signal de guerre civile, et elle eût été terrible. Le roi est donc, à bien plus juste titre qu'on ne l'avait dit de Napoléon, l'homme nécessaire. Or, quel rare bonheur! Un souverain légitime, décoré de toute la noblesse des souvenirs, de toute la religion des antiques sermens, revient, après que durant vingt ans l'entrée du royaume lui a été fermée par un effroyable déchaînement de faction et de révolte, et pas une voix, même en secret, ne réclame contre son retour; ses fidèles serviteurs sont remplis de joie, le peuple s'enivre de consolation et d'espérance, les plus mécontens reconnaissent qu'il faut céder à la main de fer du destin, et même s'applaudir de ce qu'il l'a si peu appesantie sur eux. Jamais un roi n'occupa le trône sous de plus heureux auspices. Jamais peut-être une telle unanimité n'accompagna de ses vœux l'avènement d'un monarque. Maintenant on s'inquiète de la forme de cet avénement, et l'on veut savoir si Louis **XVIII** règnera par droit ou par élection.

Cette vaine querelle de mots partage les opinions. De toutes les erreurs où a pu jeter l'habitude de raisonner sur la politique, il n'en est pas de plus grandes que celles qui se rapportent au choix du souverain. Les rois, dira-t-on, sont les magistrats, non les possesseurs des peuples : donc ils ont des devoirs à remplir ; et c'est à cette condition qu'ils règnent ; par conséquent, il faut convenir d'avance de ces devoirs, et passer un contrat en vertu duquel le peuple donnera au roi le droit de gouverner à telle ou telle condition. Voilà des raisonnemens fort bien suivis, et abstractivement incontestables ; mais, dans l'application et la réalité, ce système est absurde. Quoi? voici d'une part un peuple entier, vingt-cinq millions d'hommes, qui ont d'avance réglé leurs intérêts, qui stipulent pour leur conservation, qui conviennent de confier l'autorité à un souverain ; de l'autre, voici un homme revêtu d'une puissance immense de force ou d'opinion, qui a, ou des armées à ses ordres, ou une foule de partisans empressés à suivre ses volontés ; et de telles parties contractantes, pour être en règle vis-à-vis l'une de l'autre, auront besoin d'un titre écrit, comme le propriétaire et son métayer. La grandeur du contrat est évidemment au-dessus des lois, puisque c'est de lui que dérivent les lois. Vouloir lui donner une existence matérielle, c'est jouer une vaine formalité, c'est écrire des paroles sur un papier, pour contenter les gens amoureux des théories. Ce contrat est aussi imaginaire que le contrat social. Les citoyens ne peuvent pas plus convenir du monarque qu'ils adoptent, que de leur réunion en société. La nation et la monarchie sont des faits préexistans de toute nécessité aux lois constitutives d'un état. Montesquieu, raillant cet esprit d'abstraction qui s'en va cherchant la nature et l'origine des sociétés, pour en faire le fondement de la politique, a dit : « Un fils « est né auprès de son père et s'y tient, voilà « la société et la cause de la société. » On dirait de même : « Un citoyen naît sous le gouverne- « ment de son roi et il s'y tient, voilà la mo- « narchie et le droit du monarque. » Toutes les écritures n'ajouteraient rien à la force du fait. Toutes les lois seraient impuissantes contre les bouleversemens assez forts pour renverser les trônes. Quand viennent les terribles révolutions, quand l'esprit de vertige se répand sur les peuples ou sur les rois, qu'importe telle ou telle forma- lité ? Est-il une constitution qui puisse statuer sur son propre renversement ? Les nations, dans leurs épouvantables convulsions, sont-elles donc comme le phénix, qui, sentant venir sa fin, construit tranquillement un nid de parfums, pour s'y consumer, et renaître plus jeune et plus pur ! Ah ! que nos pères ont été plus sensés, quand ils ont dit que les rois régnaient par la grâce de Dieu ! En effet, c'est la Providence, non les hommes, qui règle de si hauts événemens. Un royaume ne se fonde pas lui-même ; le chaos ne renferme pas en soi un principe d'ordre qui puisse créer le monde. La main du sort jette parmi le tumulte un centre, un point d'appui, et de là partent toutes les règles qui doivent régir ce monde, quand il est une fois créé.

Lorsque Napoléon monta sur le trône, à défaut de souvenirs et de droits, il voulut se donner un de ces titres écrits où les politiques abstraits voient tout le caractère de la légitimité. Le peuple, dans aucun moment, ne s'était senti plus d'horreur pour ce chef audacieux. Un crime tout récent venait de le marquer pour la réprobation, et de ce jour une voix intérieure avait dit à toute la France qu'un mauvais sort attendait tôt ou tard l'assassin. L'armée, fière de ses vieux drapeaux, l'armée, fille glorieuse et indomptable de la révolution, frémissait de rage. La capitale armait du ridicule sa frivole et mobile opinion. Hé bien ! la comédie n'en fut pas moins

jouée. L'amour du repos, la faiblesse et l'indé-
cision des caractères cédèrent à la volonté ferme
et hardie d'un seul homme. Il ordonna à la haine
et au mépris de l'élire librement pour roi, et il
fut obéi. A quoi lui a servi ce contrat? A-t-il
retardé sa chute d'un seul jour? Est-il un seul
Français qui se soit cru obligé par-là? Disons-le
franchement : tout homme qui, élu souverain,
respecte l'honneur et le repos de ses sujets, peut
faire illusion à la foule et lui paraître légitime.
Son trône sera solide, s'il n'est sacré ; mais celui
qui foule aux pieds un peuple non encore abruti
ni façonné à l'esclavage est un usurpateur qui
sera puni soit en sa personne, soit en ses descendans. Tout peuple soumis aux lois et aux magistrats sera libre et heureux. Tout peuple tourmenté
par les vanités individuelles, et qui se trouvera
blé et humilié par un frein quelconque, sera
en proie aux calamités, méritera et obtiendra le
despotisme. Ce n'est pas dans les constitutions
qu'on peut écrire de telles vérités ; la justice divine et même la raison humaine les ont procla-
mées depuis le commencement des sociétés, et
des flots de sang ont coulé sous nos yeux pour
nous en faire faire une déplorable expérience.

Certes, si la nation entière attachait quelqu'importance à cette puérilité métaphysique, si l'opi-

nion s'était aheurtée à cette forme vaine, le roi, qui se montre si élevé au-dessus de toutes les préventions, de toutes les petitesses de l'amour-propre, qui sait tout pardonner, tout oublier, qui revient plus Français que s'il ne nous eût jamais quittés, qui ménage si soigneusement tout ce qu'il est prudent de ménager, dont la bonté est si grande, le sens si profond, qu'il ne semble pas même faire un sacrifice, consentirait, ainsi que son noble et malheureux frère, à être roi des Français par la constitution, plutôt que roi de France et de Navarre par la grâce de Dieu, si une goutte de sang devait être répandue pour cette opinion philosophique; mais nous n'en sommes pas là. Le roi a dit : « Rappelé par l'amour de « notre peuple au trône de nos pères. » C'est la vérité, c'est le fait, exprimé même avec un accent de reconnaissance que nous ne méritons pas; car nous n'avons pas su faire nous-mêmes notre bonheur, il a fallu que nous fussions délivrés par les étrangers.

Outre la répugnance que tant de Français auraient à voir le fils de saint Louis et de Henri, l'homme que tout notre sentiment intérieur proclame légitime, élu roi par la même formule qu'un dominateur éphémère; outre l'inconvenance d'associer la dignité du souverain et de l'honnête homme avec l'inutile semblant d'une élection prétendue libre , et qui cesserait de l'être du jour où l'on compterait les suffrages au lieu de lire dans les cœurs , il existe de plus grands inconvéniens à faire du choix du monarque un article de constitution. Dans les états les mieux réglés , l'ordre public peut être troublé par de fortes convulsions. Une faction peut , pour un instant , acquérir plus de force que le pouvoir légitime, comme sous Henri III ; une portion du royaume, la capitale même , peut être envahie par les armées étrangères, comme du temps de Charles VII, comme de nos jours. Si , dans de tels momens , quand les liens de l'obéissance sont rompus ou relâchés, l'opinion est préparée par la forme des lois , par des exemples passés, à un changement de dynastie ; si cette idée peut entrer dans les esprits , si une sainte vénération , une sorte de terreur religieuse ne vient pas interdire de toucher à l'oint du Seigneur, à l'arche d'alliance, la rébellion d'un instant va devenir un bouleversement épouvantable. Les factieux auront passé la ligne irréméable , ils n'auront plus l'espoir de revenir sur leurs pas, ils se précipiteront dans une haine et une crainte insensée du retour à l'ordre légitime. Le régime ancien, le trône à l'ombre duquel ont véeu nos ancêtres , les familles qui l'entouraient , la religion qui le consacrait , tous les souvenirs , tout le passé devront être anéantis. La moindre trace de ce qu'il était portera ombrage à ces esprits inquiets , à ces vanités irritables. Il leur faudra une nouvelle France , et ils s'accommoderont du despotisme d'un étranger plutôt que de courir les risques d'être pardonnés par leur roi. Si la couronne est sacrée , si élire un nouveau roi est une pensée inabordable et qui ne puisse pas même venir dans l'âme des factieux les plus insensés , alors l'opposition la plus vive contre les volontés du monarque se concilie avec le plus profond respect pour sa personne. Le parlement poursuivra un ministre avec acharnement , lancera des arrêts contre le Mazarin , atteindra de ses coups les serviteurs les plus chéris du monarque ; mais ne songera point à attenter à la couronne. Les Guise et leurs factieux ligueurs seront maîtres de Paris , y appelleront des troupes étrangères , feront la guerre à leur roi ; un petit nombre de magistrats restés dans la capitale rebelle voudra que leur assemblée change l'ordre de succession au trône ; Molé se lèvera pour réclamer la loi salique. — Voyez au contraire le sénat qui avait élu Napoléon ; Paris est occupé, deux jours après , l'élection est annulée. Ah! ce n'est pas ainsi que les couronnes, ces palladium du repos des peuples, doivent être maniées! Il leur faut un bien autre respect; on ne saurait les entourer de trop de vénération : c'est un contrat religieux et indissoluble que le prince a passé avec ses sujets, non un marché qu'on puisse rompre.

Mais, dira-t-on, si le roi n'est point élu, il n'a donc pas cessé de régner, et tout ce qui s'est fait en France durant son absence est frappé d'illégalité? N'est-ce pas encore une querelle de mots? et ne pouvons-nous pas montrer de même ici que la conséquence des raisonnemens vient échouer contre la réalité des faits? Si toutes les conventions passées entre les citoyens pendant vingt ans, si les actes qui constatent l'état des familles, si les jugemens qui ont puni les crimes, si les lois qui régissent les biens et les personnes, si même le choix de tous les magistrats, de tous les officiers civils et militaires devaient se trouver annulés, nous concevrions de justes alarmes; un désordre inouï travaillerait tout l'état. Mais si rien de tout cela n'arrive, s'il n'est question de rien qui y ressemble, quelle importance veut-on attacher à un point de discussion qui n'est nullement positif? Que le règne de Napoléon ait été illégal ou non, qu'importe? Il a fini : le sort a prononcé contre lui ; on ne peut faire rentrer dans le néant les années où il a gouverné la France et l'Europe , ni les années sanglantes de la république ; on ne peut faire sortir du tombeau les millions de victimes que la hache du bourreau ou le fer du soldat a moissonnées. Mais si nous gémissons sur cette longue et déplorable époque , si dans nos regrets nous disons : « Plût au ciel que Louis XVI n'eût « point cessé de régner en paix ! plût au ciel que « notre ancienne monarchie n'eût pas été sus- « pendue ! » pourquoi ne nous prêterions-nous pas à une forme , à une fiction qui efface du moins dans le droit cette triste interruption ? Faut-il donc réclamer cet interrègne et l'inscrire dans les pages de notre histoire , comme si c'était un titre honorable ? N'était-ce donc qu'un simple enfant , ce jeune Louis mort dans les cachots ? Pourquoi l'y tenait-on renfermé, si ce n'était qu'on craignait son nom et ses droits ? Des sujets rebelles pouvaient seuls mettre son innocence aux fers , et sa prison atteste son règne.

Si d'ailleurs l'essence de la royauté est d'être ornée de tout ce qu'il y a de plus saint et de plus vénérable, pourquoi vouloir que Louis XVIII soit assis sur un trône d'aujourd'hui , et non sur le trône d'Hugues Capet ? Les pompes nouvelles ont toujours quelque chose de factice et de théâtral ; mais huit siècles de règne sont un cortège imposant qui commande le respect des peuples. Les souvenirs sont une sorte de religion terrestre qui, de même que la consécration divine , s'allient merveilleusement bien avec la majesté royale.

Toute cette dignité des rois , cette élévation où ils doivent être placés au-dessus des peuples, ne sont point des atteintes portées à la liberté publique , ce sont au contraire des garanties de la stabilité des lois. Comme en définitif le pouvoir royal est la pierre angulaire de l'édifice saint , le fondement de l'état , comme de tous les changemens qui peuvent arriver dans les nations, aucun n'est si grand , si fatal , ne coûte autant de sang que les attentats contre les rois, il importe de les mettre à l'abri de toute attaque. Mais rendre leur caractère incomparable , ce n'est point leur donner des prérogatives et des pouvoirs sans bornes. « La constitution d'Angle- « terre a donné à celui qu'elle faisait le chef « unique de l'état tous les priviléges, tous les « honneurs, toute la majesté dont les dignités « humaines sont susceptibles. Dans le langage de « la loi, le roi est le maître, et les peuples sont « sujets , il est le propriétaire universel du

« royaume ; toutes les dignités et les places sont
« les effets de sa libéralité. On ne s'adresse à lui
« qu'avec les expressions et l'extérieur d'une
« humilité orientale ; sa personne est sacrée et
« inviolable ; et conspirer contre lui c'est cons-
« pirer contre l'état. » Un des principaux vices
de ce qu'on appelait la constitution de 1791,
c'est d'avoir méconnu ces principes. Il semble
maintenant en la lisant qu'elle a été écrite dans
un esprit d'insulte contre le roi, et l'on est encore plus blessé du ton respectueux avec lequel
des factieux dictaient des conditions au meilleur
des princes, que des limites trop étroites imposées au pouvoir exécutif. Des hommes raison-
nables, voyant qu'en France, par la désuétude
du temps et l'arbitraire du gouvernement, aucun
pouvoir n'était plus reconnu ni défini, et que
chacun dans le royaume, depuis le roi jusqu'au
dernier de ses sujets, s'inquiétait de savoir quelle
était l'étendue et la limite de ses devoirs et de
ses droits, voulurent qu'on se donnât des lois
fixes, et que l'état ne fût plus en rumeur pour
la moindre augmentation d'impôt, ni pour tout
autre acte de gouvernement. Par malheur le roi
fut conduit à se laisser arracher ce qu'il était
dans son cœur d'accorder, et son pouvoir fut
détruit par où il pouvait acquérir, sinon plus

d'étendue, au moins plus de certitude et de sécurité. Il arriva que la révolution tomba tout de
suite aux mains du peuple entier, et non pas d'un
corps constitué intermédiaire entre la nation et
le prince. Aussi cette prétendue constitution
semble-t-elle le libelle d'une faction, plutôt que
l'ouvrage des législateurs. Citant encore le judi-
cieux Delolme, nous dirons : « Vouloir établir
« la liberté d'une grande nation en la faisant
« intervenir dans le détail du gouvernement,
« c'est vouloir de toutes les choses la plus
« chimérique ; la seule constitution qui puisse
« convenir à un grand état et à un peuple libre,
« est celle où un petit nombre délibère et où
« un seul exécute. » Et il ajoute ces paroles, qui
sont vraiment d'un sens exquis, et qui renfer-
ment la véritable essence de toutes les constitutions destinées aux peuples modernes : « Dans
« laquelle en même temps la ratification géné-
« rale est rendue, par l'arrangement des choses,
« une condition nécessaire de la durée du gou-
« vernement. »

Vingt-cinq ans d'expérience empêcheront de
tomber en de telles erreurs. Le roi aura toute
sa dignité et toute l'étendue du pouvoir exécutif. La constitution n'aura pour but, pour
mobile unique, que la liberté de chaque citoyen

dans sa personne et dans ses biens. C'est là le seul vrai besoin du peuple ; et lorsque ce résultat est atteint, il comporte en lui-même, et dans les moyens qui le procurent, non-seulement le bonheur, mais une dignité telle que toutes les nations et tous les siècles pourraient l'envier même par orgueil.

Nous en avons un exemple près de nous, et nous dirions même sous nos yeux, si nous n'avions pas été durant tant d'années d'autant plus isolés d'un peuple qu'il était plus libre et plus heureux. Mais il ne semble pas que ce soit en imitant les lois anglaises que nous puissions arriver à l'ordre et à la liberté. Les circonstances historiques, la position des pays, les mœurs sont trop différentes. Sortis de la même source, rapprochés par beaucoup d'imitations et de similitudes, les deux gouvernemens ont toujours été constitués d'une manière diverse. Les annales de nos institutions politiques présentent sans cesse un esprit qui n'a nul rapport avec l'esprit anglais, et surtout les caractères des peuples offrent des oppositions trop marquées. Le parlement d'Angleterre n'a jamais eu de ressemblance avec nos états-généraux. Une plus grande servitude conduisit les Anglais à une plus grande liberté. Chez eux, la féodalité ne comporta jamais qu'un seul degré, ou plutôt il n'y eut jamais de féodalité. Des terres distribuées par un conquérant à ses soldats, et ne relevant que de lui, imprimèrent dès le commencement un caractère d'égalité à la noblesse anglaise ; elle forma une corporation, tantôt opprimée, tantôt rebelle, mais enfin c'était une corporation. Chez nous, le roi avait à dompter non pas les sujets réunis, mais une foule de souverains moins puissans que lui. La France était une collection de divers états, que le roi dominait plutôt qu'il ne les gouvernait. Aussi le gouvernement féodal d'Angleterre a-t-il un aspect de despotisme et de servitude, tandis que le gouvernement féodal de France est un spectacle de noblesse, de force et de fierté ; mais quand il fut détruit, quand la royauté eut successivement prévalu sur les seigneurs, il ne resta plus d'intermédiaire entre le souverain et le peuple. La seule défense qui protégeât contre les abus du pouvoir fut l'opinion, défense inégale dans ses effets, sans fixité, sans mesure, tantôt anéantie, tantôt menaçante, qui cède lorsqu'on marche sur elle hardiment, qui s'élève avec une force exagérée dès qu'elle a pris quelque avantage : or il arriva que les tribunaux, répartissant la justice entre tous les particuliers, étant chargés de punir la désobéissance au souverain, et en ce sens de juger entre lui et les citoyens, se trouvèrent les seuls protecteurs des libertés individuelles ; et leurs fonctions, en apparence bornées au soin des intérêts privés, à la décision des procès, se trouvèrent la seule forme légale dont put se servir l'opinion. Elle s'y réfugia toute entière, elle fit peu à peu grandir les tribunaux, jusqu'au point de participer de fait, sinon de droit, à la puissance législative ; ce qui forme le caractère des grands corps d'un état. Pour les états généraux, ils ne furent jamais une forme nécessaire et habituelle de notre constitution. Leur convocation a toujours été un coup d'état, et ne faisait point partie des rouages ordinaires de la monarchie. Aucune des habitudes du gouvernement et de la nation ne s'y rapporte.

La défense des libertés étant ainsi confiée à des corps de magistrature, il en résultait de grands avantages. L'opinion en France a toujours eu un caractère marqué d'imprudence, d'exagération et de mobilité. Nous venons de voir que, n'ayant pas pour organe l'assemblée des premiers de la nation, elle devait partir du peuple entier, et conséquemment se précipiter dans les excès populaires, au lieu d'être

retenue dans les limites qu'elle reçoit toujours
parmi les classes supérieures et les esprits éclai-
rés. La vanité française va jusqu'à empêcher que
l'opinion se donne à elle-même des chefs qui
la modèrent. Reconnaître une supériorité quelconque de position, d'esprit, de capacité, est
une chose difficile à un Français. Chacun veut
participer de sa personne au mouvement, placer
son mot dans la voix publique; de là une sorte
d'émulation, un esprit de mode dans les choses
les plus graves, une progression vaine et insensée dans les discours et les actions. En aucun pays l'opinion n'est aussi dangereuse par
sa marche rapide et incendiaire. L'enchaîne-t-
on fortement, elle aimera mieux montrer de
l'empressement que de l'obéissance ; elle célé-
brera ses fers, pour ne pas avouer qu'elle est
opprimée. Le joug est-il rompu, elle s'élance
dans un sens opposé, oublie ses paroles de la
veille, renverse tout sur son passage, ne veut
plus connaître aucun frein ; il lui faut la licence
pour se dédommager de la contrainte. Avec
cette légèreté et cette présomption de juge-
ment, l'arbitraire n'excite que peu de répugnance parmi nous. Les lois y sont peu res-
pectées : celui qui les viole dans le sens de l'o-
pinion est sûr de l'approbation générale. Celui

qui s'en écarte, dans une direction opposée est blâmé non de transgresser la loi, mais de contrarier les idées du moment.

Mais des magistrats, mais des juges étaient guéris de ce vice national par la nature de leurs occupations, par toutes leurs habitudes. Ils avaient pour les lois un saint respect, car leur vie entière était consacrée à les connaître, à les faire exécuter ; ils faisaient pour ainsi dire corps avec elles. Au défaut de lumières et de réflexions, ils étaient attachés aux formes légales, par cette espèce d'amour-propre qui rend respectable la chose dont on s'occupe. Le magistrat distingué par la science et la vertu avait de la gravité ; le magistrat médiocre d'esprit avait de la pédanterie. Ils formaient une nation préservée des exagérations françaises. Une longue tradition de mœurs les isolait et en avait fait les hommes de la loi : ainsi ils étaient parfaitement appropriés à la conserver et à la défendre contre les factieux et contre les usurpations du pouvoir. Par une erreur fatale, nos rois ont depuis deux cents ans considéré comme un obstacle la seule institution qui fût intermédiaire entre le peuple et le trône. En effet, la noblesse, n'ayant précisément ni fonctions, ni droits, ni devoirs, n'était point une corporation, mais une portion du peuple, décorée par la seule opinion. Chacun était ou factieux ou courtisan, suivant ses intérêts ou ses penchans. Qu'on observe cet invariable parlement de la fronde, en butte à l'impatience des deux partis; prenant part au mouvement, sans savoir plus que les autres vers quel but il se portait, mais ramené par sa constitution à ne jamais franchir de certaines bornes. Que d'autres époques on pourrait citer où l'opposition du parlement fut toujours à la fois forte et respectueuse! Plus on étudie les ressorts du gouvernement de la France, plus on voit que c'est le seul élément de constitution que nous ayons eu depuis long-temps. Quand on veut créer un grand corps dans un état, il ne suffit pas de fixer ses pouvoirs et de nommer ses membres, il faut prévoir quel esprit animera ce corps, de quelle nature seront son opinion et son action. Si la France avait les mêmes mœurs que l'Angleterre; si une foule de familles nobles, riches, puissantes, étaient réparties sur son sol, vivant avec dignité et indépendance, heureuses et fières de leur position, n'ayant rien à demander, ni à acquérir, habituées à vivre au premier rang des citoyens, mais non point à commander des soldats, alors nous pourrions former une chambre haute, où chacun, par la place qu'il occupe dans la nation, se trouverait à la fois sage et libre dans son suffrage, viendrait avec plus ou moins de lumières et de sens, guidé par l'observation journalière des intérêts du peuple, s'occuper des affaires de l'état; mais cette classe d'hommes n'existe pas parmi nous. Nous avons des grands seigneurs, du moins par leur nom, leur considération, leurs habitudes élégantes; mais nous ne pourrions en faire des lords. Voyez, depuis Louis XIV, cette cour vers laquelle s'empresse la France entière. Ce désir ardent de plaire à son maître, ce bonheur d'y avoir réussi, cette honte d'y avoir échoué, cette vanité triomphante des uns, cette vanité souffrante des autres, cette ambition des places et des honneurs, ces habitudes militaires, ce ton tranchant, cette complaisance en soi-même; cherchez au milieu de cet éclat, parmi ces souvenirs légers de nos anciens chevaliers, vous y trouverez de l'honneur, de la bravoure, de la loyauté, de la grâce; mais nous ne croyons pas qu'on doive composer dans cet esprit le premier corps de l'état. Nos grands seigneurs, s'ils étaient livrés uniquement à leurs habitudes, à leurs préjugés, apporteraient une complaisance irréfléchie pour le monarque, de l'empressement à prévenir ses volontés, de la colère contre toute objection, ou bien de la faction, produite par le mécontentement et la jalousie. Qu'on se rappelle les temps qui ont précédé immédiatement la révolution, ces temps où tous la voulaient, parce que tous comptaient y gagner. Quelle n'était pas la division qui régnait parmi la noblesse ? La ville était jalouse de la cour, la province de la ville : les uns reprochaient aux autres leur faveur ou leurs richesses ; l'ancienneté des parchemins obscurs élevait ses prétentions contre l'illustration plus récente. On voulait l'égalité à ce niveau, de même que, plus bas, on criait pour que le niveau descendît encore davantage. Il faut un autre esprit dans le corps modérateur contre lequel doivent venir s'amortir les tentatives imprudentes du souverain ou du peuple. Mais si la chambre haute n'est pas une réunion de l'élite de la noblesse, encore moins peut-elle être une réunion d'hommes choisis au-dessous d'elle. Il est clair qu'on trouverait les mêmes inconvéniens et beaucoup d'avantages de moins.

Quand par malheur il est nécessaire de toucher aux lois d'une nation, il faut y introduire le moins possible de nouveauté. On tâche de modifier ce qui est, car pour créer, cela n'est pas possible. Le gouvernement qui vient de s'écrouler a duré environ douze ans , sans que sa charpente ait sensiblement varié. Il avait de certaines formes, on peut même dire de certains principes auxquels on s'est habitué , et qu'il n'y a nul intérêt à changer. Les gens sages ont pu, même sous la tyrannie, retirer une expérience utile, en observant ce qu'était, ce qu'aurait pu être cette prétendue constitution qu'écrasait son fondateur. Le sénat est la machine dont il s'est le plus servi, et qui s'est trouvé constitué de manière à être aussi l'instrument qui a revêtu sa ruine d'une formalité. Le vice essentiel de ce sénat, c'était d'être uniquement destiné à des coups d'état. Il n'avait pas une fonction quelconque dans le cours ordinaire des choses. Cent vingt personnes recevaient annuellement une pension pour violer les lois dès qu'elles opposaient un obstacle à la volonté du souverain : tel était le sénat. Impôts, législation, levées régulières d'hommes, création d'offices, rien n'était du ressort du sénat, et sa complaisance lui a valu moins de haine que son oisiveté ne lui a ôté de considération. La première correction à faire, c'est donc, ce semble, de donner au sénat une destination quelconque, et comme nous avons vu que l'esprit conservateur des lois se trouvait éminemment en France dans les tribunaux qui rendent la justice, nous sommes conduits à désirer que le sénat soit pour ainsi dire le chef-lieu des tribunaux, la haute cour de justice. Cependant il y avait autrefois une grande inconvenance à ce qu'un tribunal, constitué pour juger, dans un certain ressort, les affaires des particuliers, fût devenu le représentant de la nation et le défenseur de ses libertés. Cette disproportion entre les fonctions habituelles et de si grandes prérogatives, ce défaut de rapport entre l'action et l'instrument, nuisait singulièrement à l'autorité du parlement. On était toujours porté à lui contester ses droits, qui semblaient si exorbitans en les comparant à son office naturel. L'opinion s'était jetée dans cet asile, mais elle ne pouvait pas s'y déployer avec grandeur et dignité. Le symptôme de l'opposition d'un peuple à son roi n'aurait pas dû être la suspension des plaidoiries et le cours interrompu de la justice.

Nous avons maintenant une cour souveraine dont les arrêts sont pour la France entière, et qui est chargée de maintenir et d'interpréter les lois civiles. Mais peut-être pensera-t-on encore que ses fonctions journalières n'ont pas assez d'élévation, que sa constitution habituelle ne serait pas assez en harmonie avec les devoirs d'une cour des pairs; peut-être ne faudrait-il pas que la même compagnie, formée de la même manière, prononçât alternativement sur un mur mitoyen et sur les intérêts de la patrie.

Si la cour des pairs était composée des antiques familles qui entourent depuis long-temps le trône, de celles qui de nos jours sont montées à la gloire et sont devenues importantes dans l'état, et qu'à cette minorité brillante fût jointe une majorité destinée à former le fond, à donner l'esprit de corps à cette assemblée, si de là étaient tirés tous les principaux magistrats, présidens des cours royales, et conseillers de la cour de cassation ; alors on aurait le double avantage et d'introduire dans la chambre haute un esprit de réserve et de délibération, et de relever la dignité des tribunaux, en les rattachant à ce noble sénat; et nous rapprochant toujours de ce qui a été, de ce qui vit encore dans un souvenir récent, cette cour des pairs, en enregistrant les actes du gouvernement, les rendrait obligatoires pour les citoyens : par cette formalité seule, les tribunaux acquerraient la faculté de punir les contrevenans, ce qui au fait constitue le moyen légal d'obtenir l'obéissance. Si, au contraire, un homme, de quelque autorité qu'il soit revêtu, veut, sans la loi, faire à un citoyen un hommage quelconque, un tribunal poursuit ce délit ; si l'arbitraire vient de plus haut, la haute-cour, chef-lieu des tribunaux, connaît de l'affaire, et le ministre ou le fonctionnaire supérieur qui a abusé de l'autorité royale se trouve justiciable du premier corps de l'état. De là résulte une opposition légale et régulière aux attentats contre la liberté individuelle et contre la propriété, aux perceptions illégales, enfin à tout l'arbitraire où l'administration pourrait tomber. D'un côté, les moyens de contrainte lui sont refusés ; de l'autre, un pouvoir veille pour punir les abus.

Il semble qu'ainsi on se rapprocherait de ses anciennes habitudes, en les perfectionnant, en leur donnant une authenticité qu'on leur contestait, et une grandeur proportionnée à l'objet qu'on se propose.

L'hérédité serait alors une prérogative que personne ne serait surpris de voir aux familles sénatoriales. Ce ne serait qu'écrire dans les lois ce qui existait par le fait dans les mœurs françaises de la monarchie. On pourrait seulement, au lieu de promettre aux sénateurs de siéger dès leur majorité, statuer qu'il leur faudrait auparavant avoir exercé durant cinq ans des fonctions civiles ou des emplois supérieurs dans l'armée. La plus grande partie d'entre eux étant des magistrats, en exerçant chaque jour les fonctions, il s'établirait dans tout le corps un esprit de réserve et de réflexion. On s'accoutumerait à y traiter des affaires et non à soutenir des opinions.

Parlerons - nous maintenant d'une question secondaire et momentanée, dont le public s'occupe bien plus que de l'examen des principes et des formes qui doivent fixer notre sort et celui de nos enfans? Faut-il s'enquérir du choix des hommes qui doivent entrer dans cette haute cour du royaume? .

Dès que le projet de constitution qui a été jeté en avant pour rassurer des esprits inquiets, pour prévenir les discordes que des opinions et des intérêts effrayés auraient pu exciter, fut connu, il s'éleva dans la France entière un soulèvement contre la stipulation relative aux membres du sénat. Ce soin assidu de leurs propres intérêts, cet arrangement lucratif, au moyen duquel les sénateurs auraient encore gagné à une révolution, où chacun a des sacrifices à faire, cette prétention singulière de rendre héréditaires dans

leur famille des places qui ne leur furent confé-
rées qu'à vie, et dont les fonctions ne seront pas
les mêmes, tout cela produisit un déchaînement
général contre le sénat. Les uns disaient, avec une
exagération blâmable, oubliant combien de noms
estimables se trouvent sur cette liste : Quoi! des
hommes coupables, obscurs, médiocres par l'esprit, nuls par l'âme, jetés par les flots de la révolution à une hauteur où ils sont encore restés
inconnus au peuple, deviendront la tige des premières familles de l'état, et s'asseoiront immédiatement au-dessous du trône ; d'autres pensaient
avec amertume que la défense des libertés françaises allait être confiée à des hommes énervés
par une complaisance obséquieuse de dix années,
accoutumés à ne plus avoir d'opinion ou à en
faire le sacrifice facile, sans considération en
France, rejetés par la voix publique, d'où il
serait nécessaire que vînt leur force et leur dignité, imposés par la nécessité au souverain, qui
pourrait, après quelques années, aidé des ap-
plaudissemens du peuple, les rejeter dans leur
obscurité.

Nous savons bien que les sénateurs ont à faire
de fortes réponses à ces clameurs qui s'élèvent
contre leur servilité, à ce mouvement d'opinion

qui veut les choisir comme bouc émissaire, et les charger d'un blâme qu'ils partagent avec tant d'autres. Eh quoi! ne pourraient-ils pas dire au peuple? N'est-ce pas vous qui deux fois avez choisi pour maître l'homme que vous appeliez un tyran, même en signant sa prétendue élection? Sur ces nombreux registres ouverts dans toute la France, n'y avait-il pas des milliers de *oui* contre quelques négatives? Et est-il une ville qui se soit révoltée? Est-il un département, une municipalité qui, jusqu'au dernier jour, ait refusé ou l'obéissance ou même la flatterie? Ces malheureux conscrits, qui ont couvert l'Europe de leurs cadavres, nous avons eu l'indigne faiblesse d'ordonner leur départ; mais n'ont-ils pas obéi pendant dix ans? Dès qu'ils avaient revêtu l'uniforme et manié le mousquet pendant quelques jours, ne se prenaient-ils pas de cette ardeur guerrière, de cet esprit d'aventure, de cet oubli de la famille et de la patrie, soufflés par le soldat qui était leur chef? Il les exposait à la faim, à la misère, aux glaces du nord, aux ardeurs du midi; il les laissait sans paye, sans vêtement; il les abandonnait malades et blessés : a-t-il trouvé en eux moins d'ardeur et de patience? Y a-t-il eu une seule sédition militaire?

L'obéissance n'a-t-elle pas été complète? Qu'on ne dise pas que l'amour de la gloire, l'enthousiasme du nom français fut pour quelque chose dans cet esprit de l'armée. Depuis les généraux jusqu'au soldat, il n'en était pas un qui ne fût froid, sans illusion, se moquant, avec le rire et la facilité française, du sang qu'il allait perdre, comme du sang qu'il allait répandre. N'avons-nous pas entendu nos soldats, partant pour conquérir la Prusse, répéter en chantant : « Nous allons chercher un royaume pour le petit « frère Jérôme, » et marcher à la mort avec ce refrain ? Quelle horrible insouciance paraît tout à plein dans cette connaissance complète et avouée de soi-même ! Que de honte dans ce courage, si braver la mort n'avait pas toujours quelque chose de grand, de fort et de sublime ! Est-ce donc là le résultat des lumières et de la civilisation ? Sont-ils faits de la même chair et des mêmes os que les soldats entraînés à la défense de la patrie par les chants de Tyrtée, ces soldats chassés à la conquête du monde en chantant la raillerie de leur propre trépas ? Passant à l'Europe, que n'ajouteraient pas les sénateurs pour excuser leur faiblesse ? Ils montreraient les peuples soumis sans résistance, obéis-

sans à nos ordres avec une servilité conscien-
cieuse, qui étonnait notre servilité moqueuse et
inconséquente, les magistrats devenant nos agens,
nos salariés. Que ne diraient-ils pas de la conduite des princes, de l'empressement des moins
puissans, des affronts qu'ils venaient chercher,
des alliances qu'ils ambitionnaient, des agrandis-
semens qu'ils sollicitaient humblement ? Sur des
trônes plus élevés, le prestige du succès, la
force de la volonté a exercé peut-être un pou-·
voir plus grand.

Confessons-le avec humilité, nous avons tous
été sans force et sans vertu. L'amour du repos,
inspiré par nos premières convulsions politiques,
se combinait en nous avec une certaine habitude
du mouvement, une activité vague. Les caractères et les volontés étaient brisés ; les opinions,
trompées dans leurs espérances, trahies par le
succès, n'exerçaient plus d'empire sur les âmes ;
chacun voyant que la révolution n'avait défini-
tivement abouti qu'à changer de mains le pouvoir et les richesses, s'empressait à gagner quelque lot à cette roue avant que son mouvement fût arrêté. Un homme a pris à sa solde
tous ces égoïsmes et s'en est composé une force
prodigieuse ; car ils avaient une ardeur extrême

pour agir , et une faiblesse complète contre celui dont ils suivaient la chance. L'homme raisonnable et vertueux se trouvait seul avec cette
contenance de dupe qu'on ne saurait supporter
en France; rien ne l'encourageait à résister au
courant. Arrêté sur le rivage, il eût vu fuir ra-
pidement devant lui les barques de tous ses égaux.
Les peines dont menaçait la tyrannie n'étaient
point cruelles , mais elles étaient pesantes et ne
trouvaient que peu de pitié. La foule en était
venue à blâmer le malheur. L'exilé semblait privé
du feu et de l'eau, et interdit de la société humaine comme le pestiféré. L'on était plus fort ,
il y a vingt ans, contre la mort, que récemment
contre la peur de se compromettre. Aussi il y a
eu bien peu de résistances franches et entières.
Peu à peu tout venait à la loi commune. Les caractères les plus prononcés abdiquaient l'un après
l'autre ; les uns, et c'était le plus grand nombre, pour des intérêts pécuniaires ; les autres ,
par amour du pouvoir et des honneurs ; quel-
ques-uns par besoin d'agir, et par cette diffi-
culté qu'on a dans notre pays à se résigner à la
dignité de simple citoyen. Les vanités littéraires
ont subjugué presque tout ce qui savait exprimer
sa pensée ou arranger ses mots. Outre que, pour
beaucoup, les lettres sont par malheur une pro-

fession, le besoin de faire parler de soi, la crainte d'être oublié du public a fait qu'on n'a pas su garder le silence, et qu'on s'imposait la nécessité, ou de proférer des louanges, ou de contraindre son opinion ; et puis cette façon, dont tous avaient pris le parti, de n'établir aucun rapport entre la conduite et les paroles, était un moyen commode à la fois pour le dominateur et les sujets : l'un avait l'obéissance sans les cœurs, les autres les profits sans la reconnaissance ; c'était ce que chacun demandait. Ainsi n'épargnons pas nos hommages à ce petit nombre d'âmes courageuses qui ont su persister dans leurs opinions, dans leurs attachemens, dans leur fidélité ; qui, se fiant à la voix de leur cœur, aux lumières de leur esprit, n'ont jamais pu croire que l'honneur succomberait dans sa lutte contre les sentimens ignobles et intéressés ; que la perversité prévaudrait contre la raison, la liberté et la justice. Honneur à ces nobles exilés qu'une invincible répugnance, un secret instinct du maître tenait éloignés, sachant bien qu'on ne pouvait ni les gagner ni les séduire ; que les sophismes et les mensonges, quand même l'univers dégradé se résoudrait à en faire sa loi, ne trouveraient aucun accès dans leur âme. Dussions-nous en rougir, célébrons leur vertu, et qu'ils soient parmi nous ce que les fiers Castillans ont été dans l'univers, ce que la maison de France a été parmi les familles royales.

Telles sont les excuses qu'on peut accorder aux sénateurs ; mais comme c'étaient eux qui donnaient forme de loi aux volontés désastreuses de Napoléon, comme c'était leur unique emploi, et qu'ils en reçoivent un prix considérable, ils payent cher aujourd'hui le malheur d'avoir joué la comédie d'une constitution. Ils obéissaient et cédaient tout comme les autres ; mais ils consentaient à paraître libres, et à faire le semblant d'une délibération. Ils étaient les représentans de notre faiblesse, nous en faisons les représentans de notre honte. Qui ne se rappelle comment une terreur profonde se répandait jusque dans la cabane du pauvre, quand on lisait, quand on répétait, « *le sénat s'est assemblé ?* » Chacun attendait le coup qui allait le frapper ; la nation était dans la stupeur. Combien de nos fils seront-ils enlevés ? Jusqu'à quel âge descendra-t-on vers l'enfance ? Jusqu'à quel âge ira-t-on arracher l'homme fait de sa propriété, de sa profession ? Telle était l'attente où jetaient ces mots : « *le sénat s'est assemblé.* »

Ainsi considéré en corps, le sénat s'était attiré

la malveillance générale, tandis que, pris isolément, chaque sénateur n'a pas eu plus de faiblesse de caractère que tous les autres citoyens. Il n'y avait donc pas un plus mauvais calcul de vouloir se maintenir comme corps, et de stipuler pour les intérêts de la masse. Ajouter à cette convention des clauses purement pécuniaires, c'était appeler encore davantage les cris de l'opinion, déjà accoutumée à se plaindre et à se railler des appointemens considérables dont, sous l'ancien gouvernement, la complaisance du sénat semblait être récompensée. Si au contraire les sénateurs s'en fussent remis de leur sort à la bonté du roi, s'ils se fussent laissé désigner à son discernement par la voix publique, ils eussent détruit cette prévention défavorable qui a fait oublier au vulgaire combien d'hommes estimables siégent au sénat. L'esprit de sagesse qui empêche d'essayer un renouvellement complet de tout ce qui existe, et se borne à faire rentrer dans les emplois les hommes de mérite qui s'en écartaient ou qu'on en tenait éloignés, eût conduit à conserver dans le sénat une grande partie de ses membres. Il en serait sorti seulement ceux qui eux-mêmes seraient embarrasssés et étonnés d'y être, soit parce qu'ils ne sont pas assez connus, soit parce qu'ils le sont beaucoup trop ; peut-être en sera-t-il encore de même, malgré la clameur qu'a excitée ce projet de conservation ; mais ce qui semble essentiel, c'est que tous les sénateurs soient élus au même titre, choisis par le roi et non par eux-mêmes. On s'étonne qu'il leur soit venu dans l'idée de tracer autour d'eux une ligne de démarcation. C'était encore le plus mauvais de tous les calculs. Quant à ce partage de biens, la question est jugée par l'effet qu'elle a produit. Dans un moment où l'état est obéré, où le roi gémit de ne pouvoir diminuer les impôts, peut-on créer à tout jamais, aux dépens du trésor public, une dotation à quelques familles ! Que des généraux qui ont illustré et défendu une patrie riche et florissante reçoivent du roi et du peuple des titres et des domaines, cela est juste et honorable. Mais que quatre-vingts sénateurs exigent qu'on leur confère héréditairement la première dignité de l'état, et veuillent de plus qu'on leur compose une fortune considérable, cela a paru généralement insupportable. Pourquoi la demandent-ils ? Pour soutenir convenablement leur dignité. Ne voient-ils pas que la richesse ainsi obtenue les priverait de toute dignité, que c'est en montrant du désintéressement qu'ils s'honoreront aux yeux de tous ; que ceux qui se retrouveront pauvres après avoir traversé toute la révolution, après avoir vu autour d'eux chacun chercher à s'enrichir, jouiront d'une considération que diminuerait l'opulence ? Efforçons-nous de secouer ces idées immorales qui avaient réduit à un calcul d'argent l'estime qu'on devait faire de toutes les fonctions, de tous les hommes. D'ailleurs, quels sont ces biens que nous venons d'appeler domaines publics ? Ne proviennent-ils pas pour la plupart d'odieuses confiscations ? Que les terres vendues il y a vingt ans, qui ont circulé dans le commerce, sur lesquelles ont été ou sont fondées des stipulations légales, soient laissées au possesseur, cela est sage et nécessaire. C'est un malheur pour les familles dépouillées ; ce malheur est irréparable. Mais les terres qui par bonheur n'ont pas été aliénées, le gouvernement ne sera-t-il pas empressé de les rendre? Les sénateurs ont-ils pu songer à les retenir? Quoi! les descendans des familles les plus illustres, les plus historiques du royaume, dépouillés de leur patrimoine, sans richesse, presque sans aisance, siégeraient sur le même banc qu'un sénateur jouissant héréditairement de leurs domaines héréditaires, qu'il se serait fait donner. Cela ne peut être. On n'y avait pas réfléchi. Il est certain que pas un sénateur n'a eu une pareille idée.

Passons au second corps de l'état, à la chambre composée des députés des départemens. Il paraît que sa fonction spéciale doit être de consentir librement l'impôt. Cette seule attribution comprend un grand pouvoir, et donne au peuple une garantie suffisante. Tous les ressorts de l'état dépendent des revenus publics. Peut-être faudrait-il statuer explicitement que les impôts et les levées sont les seuls objets de la compétence de la chambre. L'expérience des vingt-cinq ans qui viennent de s'écouler a prouvé, ce semble, qu'il y aurait dans l'état actuel de nos mœurs, et dans la disposition des esprits, un grand inconvénient à laisser une assemblée délibérante prendre l'initiative. On croit généralement qu'il est à propos de soumettre à sa discussion les projets nécessaires au bien de l'état, sans lui laisser à les chercher, sans ouvrir à trois cents hommes réunis le champ libre pour remettre sans cesse en question toutes les lois de la France. L'opinion n'a nullement réclamé contre cette marche des délibérations du corps législatif. L'examen des besoins du gouvernement et des impôts proposés comporte l'examen de tout ce qui peut intéresser la nation. Nous venons de voir récemment comment sous un régime de fer, malgré les entraves imposées au corps législatif, il a voulu qu'on n'exigeât pas du peuple des sacrifices sans les motiver, et qu'on lui en garantît la nécessité et l'emploi. Napoléon, qui voulait sauver la France pour lui et non pour elle, sentit que la liberté allait reparaître ; elle lui inspira plus de crainte que les armes de toute l'Europe, et il aima mieux se précipiter vers sa perte, que de substituer l'élan de la nation à l'obéissance passive. Un souverain juste et sincère aurait confié noblement aux députés de son peuple les malheurs qu'il avait éprouvés, ceux qui nous menaçaient. Le voyant offrir sans crainte à la discussion et à l'examen sa conduite et ses intentions, chacun eût pris une confiance entière ; on eût ajouté foi à son désir de la paix ; cette brave nation française se serait levée toute entière ; les alliés auraient pu traiter avec sécurité ; le sang de deux cent mille hommes n'eût point coulé ; la France n'eût pas été ravagée ; Paris n'eût point vu les étrangers dans ses murs. Telle est la différence d'une monarchie libre et du despotisme.

Quels peuvent être les véritables, les naturels députés des départemens ? comment seront-ils choisis, et par qui ? Voici des questions importantes. Le corps législatif était composé de députés choisis par le sénat parmi des candidats

que proposaient les colléges électoraux de chaque département. Suivons la hiérarchie de ces
élections, et voyons dans quel esprit elles se
faisaient. Un président, nommé par le gouvernement, recevait les suffrages de tous les citoyens
du canton pour l'élection des électeurs d'arron-
dissement et de département. Le nombre de ces
électeurs était assez considérable pour que ,
surtout dans les pays peu riches , tout propriétaire de campagne un peu aisé fût électeur,
sinon de département, du moins d'arrondisse-
ment ; dans les villes il aurait pu y avoir plus de
concurrence ; mais le peu d'empressement que
les citoyens mettaient à user de leur droit et à
venir voter rendait ces assemblées assez in-
signifiantes ; chacun sentait qu'il n'en résulterait
rien pour l'intérêt général. Quant aux intérêts
privés, il n'était pas nécessaire de se donner
beaucoup de peine pour arriver à ce premier
degré d'élection. Mais dès qu'une fois les colléges étaient convoqués, on voyait commencer
le spectacle que toutes les élections ont offert
en France depuis vingt-cinq ans. Les opinions
étaient fort amorties, et, sous ce rapport, la
réunion des colléges était plus calme que les assemblées électorales de la révolution. Cependant les souvenirs d'esprit de parti avaient en-

core beaucoup d'aigreur et de vivacité. La différence de caste, la jalousie de fortune, la di-
versité de professions, l'amour-propre de ville
ou de canton, tels étaient les sentimens qui fer-
mentaient dans l'assemblée ; et assurément il
était peu d'électeurs à qui il vînt dans la pensée
de chercher quel candidat défendrait le mieux
les intérêts du département et du peuple, ap-
porterait au corps législatif le plus de raison et
de lumière. Des personnes plus ou moins estimables, ayant envie d'avoir dix mille francs
d'appointemens pendant cinq ans, poussées par
ce désir universel d'être, comme on dit, quelque chose, espérant faire de leur nomination
un premier degré pour arriver plus haut, espérant trouver quelque protection dans le sénat,
manœuvraient au milieu de tous les élémens dis-
cordans de cette assemblée, caressaient les pas-
sions, faisaient des promesses de protection,
semaient un peu de médisance ou de calomnie
contre leurs concurrens. Nul ne cédait à l'autre,
chacun était là pour son intérêt personnel, il
n'y avait pas de supériorité à reconnaître ; l'ha-
bileté ou le hasard décidait du succès. Souvent les plus médiocres des concurrens, inspirant
moins de jalousie, réunissaient plus de suffrages. Ce qui était assuré, c'est qu'un candidat,

après avoir été élu, avait presque toujours beaucoup moins de considération qu'avant. Les complaisances où il avait été contraint de descendre, le mal vrai ou faux qui avait été dit de lui, l'envie qu'excitait son succès, lui nuisaient dans l'opinion quelquefois pour toujours. Quant à la dernière élection par le sénat, on s'y occupait encore bien moins de la destination des députés, chaque sénateur tâchait de rendre un bon office à son protégé ; il n'y avait rien là qui ressemblât à de la représentation nationale. Dans les derniers temps, le corps législatif avait fini par être fort honorablement composé, parce qu'en général les hommes d'une position supérieure ont dans la société à Paris plus de moyen de réussir, et qu'à l'élection du sénat, ils luttaient avec avantage contre les autres candidats. Aussi peu à peu les députés des départemens, ceux qui étaient chargés de prononcer sur l'intérêt général, d'après la connaissance qu'ils ont de l'intérêt local, auraient été en grande partie choisis parmi les habitans de Paris. Il faut reconnaître que c'était surtout le traitement de dix mille francs qui nuisait à la bonne direction des choix ; n'avoir rien à dire, aucune tâche à remplir, et recevoir des appointements, était à la portée de tout le monde, et chacun se trouvait en droit égal à cette bonne fortune ; les députations honorifiques qu'envoyaient les colléges étaient en général choisies plus convenablement et représentaient plus réellement le pays.

Mais pour être le député d'un département et en bien remplir les fonctions, il faut sans doute en connaître les intérêts, en avoir suivi l'administration. Avec l'esprit qui règne en France, les élections populaires les mieux combinées ne nous donneront jamais des députés tels qu'il faudrait les souhaiter. Ils pourront bien avoir comme citoyens tous les droits possibles à la considération ; mais s'ils n'ont aucune connaissance des affaires, cela les empêchera-t-il d'en parler, de vouloir avoir un avis à eux, de blâmer, d'approuver hautement, sans avoir examiné les questions, sans avoir de renseignemens positifs ? S'ils sont distingués par le savoir ou par l'esprit, sont-ils préservés du penchant à l'abstraction et aux nouveautés, du désir immodéré de briller par le talent ? Nous ne parlons pas de la facilité plus grande avec laquelle l'esprit de faction pourrait s'introduire dans une assemblée d'hommes qui n'auraient pas quelque teinture des affaires. Nous savons les défauts de notre nation, de notre temps. Il faut que nos institu-

tions en corrigent, en préviennent les inconvéniens.

Il existe dans chaque département un conseil
général qui devait chaque année délibérer sur la
répartition des impôts, voter sur le supplément
qu'on pouvait y ajouter pour subvenir aux dépenses intérieures du département, recevoir le
compte de ces dépenses, examiner les diverses
branches de l'administration, indiquer les abus,
en demander la réformation, répartir le contin-
gent des levées d'hommes, et consigner dans son
procès - verbal ses délibérations sur ces divers
objets. Durant les premières années du gouvernement consulaire ces conseils furent régulière-
ment convoqués, et leurs attributions furent res-
pectées. En général, ils montrèrent l'amour de
l'ordre et du bien public ; leurs observations furent dictées par un esprit sincère, occupé des intérêts du pays. Ce n'étaient point des plaintes
amères et vagues, une opposition sans motifs positifs, c'était une coopération sage et loyale avec
l'administration. On peut consulter les extraits de
ces délibérations, dont on eut d'abord un recueil.
Quand le gouvernement eut une tendance despo-
tique, les conseils généraux se virent peu à peu
enlever toutes leurs attributions, et ne furent

plus ni consultés, ni écoutés. Cependant ils con-
servèrent toujours dans le pays même une assez
grande considération, et se regardèrent toujours
avec raison comme les représentans opprimés
du département. Jusque dans les derniers temps
on en a vu refuser les augmentations locales de
l'impôt; comme l'opinion n'entrait jamais pour
rien dans leur opposition, on s'en alarmait beaucoup moins; et si une balance quelconque eût pu
subsister, c'eût été de là qu'elle fût venue. C'est
la seule institution où l'on ait entrevu les élémens
d'une liberté sage et raisonnable.

Pourquoi, fidèle à la loi de se servir toujours, autant qu'il est possible, de ce qui est,
la chambre des députés n'émanerait-elle pas
des conseils de département? Chaque année,
après avoir examiné l'administration du département, avoir réglé les recettes et les dépenses locales, le conseil nommerait plusieurs de ses membres pour représenter le département, les char-
gerait de pouvoirs spéciaux pour faire les de-
mandes ou les reclamations qu'on aurait jugées
nécessaires au pays. Ce seraient là de véritables
députés du département, le roi trouverait en eux
un sens exercé aux affaires, et l'expérience des
difficultés de l'administration, la connaissance de
ses besoins, enfin l'esprit grave et positif qu'il

faut apporter dans la discussion des intérêts de l'état. Remarquons que nous voici ramené à une forme analogue par quelques points aux états-généraux, et qu'elle nous est donnée par la considération de ce qui est et de ce qui a été, et non pas par une recherche théorique, meilleur mode de représentation nationale.

Ces conseils généraux, recevant ainsi une plus haute distinction, ne sont peut-être pas assez nombreux, ne représentent peut-être pas assez les divers cantons d'un département. D'ailleurs, il faut pourvoir à leur élection. Ils devaient être choisis par le gouvernement sur une liste double de candidats, présensée par le collége électoral. Mais souvent l'insouciance que ce collége mettait à s'occuper d'une élection, où n'étaient pour rien les intérêts des ambitieux, laissait incomplète où vide la liste des candidats ; alors la nomination se faisait d'office. Si, supprimant les colléges électoraux, l'on conservait les assemblées de canton, on pourrait leur donner pour fonction d'élire un député du canton au conseil général. Le président de l'assemblée, nommé par le roi, choisi par les propriétaires considérables du canton, exerçait une influence libre et salutaire sur le choix, surtout dans les campagnes; les cabales, n'ayant plus un but d'intérêt personnel, perdraient leur vivacité. D'ailleurs, dans une assemblée composée de tous les citoyens, comme ils ne sont point égaux, comme la majorité n'a aucune prétention et se range naturellement sous l'influence des divers citoyens marquans, on ne voit point ces discordes et ces intrigues dégoûtantes qui règnent dans un collége électoral. Il semble que plus une élection est populaire, plus elle est corrigée des abus qu'on y a remarqués. Chacun s'y présente à peu près avec toutes les forces qu'il a d'habitude dans la société, et garde son rang et son cortège. Dans les corps électoraux l'égalité trouble tout et remet les choix aux hasards des cabales. On peut trouver dans les élections d'Angleterre de quoi confirmer cette réflexion.

Les conseils de département, composés ainsi d'un député par canton, se trouveraient doublés en nombre de ce qu'ils sont aujourd'hui ; c'est-à-dire de trente-six membres par département. Une telle assemblée n'est pas assez nombreuse pour que ses délibérations soient orageuses. Il est à peu près sûr que presque tous les membres seront choisis parmi les maires ; c'est encore une garantie de l'esprit sage et expérimenté qui règnera dans ce corps. Il aura quelques rapports avec les administrations provinciales, qui dans le siècle dernier furent souvent proposées, et dont on fit quelques heureux essais.

Ainsi, à la tête de la nation serait le roi, revêtu de la plénitude du pouvoir exécutif, source première des lois, qui cependant ne pourrait disposer du sort et des propriétés des citoyens.

Au-dessous du roi serait un sénat hérédi-taire, composé des premiers de la noblesse de France et des principaux magistrats du royaume. Il serait constitué sous la forme d'une cour de justice. Sous son égide, les tribunaux inférieurs réprimeraient tout acte arbitraire, comme un délit, comme une désobéissance aux lois et aux intentions du roi, qui ne peut jamais ordonner d'injustice. Si le coupable était un ministre, le sénat jugerait par lui-même cette cause natio-nale.

Enfin des députés des départemens, réunis tous les ans en une chambre, recevraient la proposition des impôts et des levées d'hommes, et les consentiraient au nom du peuple. Ces députés seraient envoyés par des conseils électifs, où les intérêts et l'administration de chaque dé-partement seraient précédemment discutés.

Tels seraient les ressorts, l'âme de la cons-titution française, appropriés, du moins nous le croyons, aux habitudes et à l'esprit de la nation. Les souvenirs, les débris de nos anciennes institutions, modifiées dans les points où elles étaient fragiles, et appliquées aux circonstances actuelles, ont fait naître ces idées, que nous présentons sommairement et comme de simples indications.

Quelques articles qu'on avait placés dans le projet de constitution ont aussi occupé beaucoup l'attention publique. On a pensé que puisque la noblesse n'avait aucune espèce de droits, ni de privilége, son existence ne ferait point partie des lois constitutionnelles de l'état. Le roi permet que chacun puisse s'honorer des distinctions et de la gloire de ses pères, se décorer de ses souvenirs ; les honneurs que d'autres citoyens ont personnellement reçus subsistent également. Mais il n'y a rien en cela qui ait de l'influence sur les lois et sur l'état. Reste à savoir si le roi réglera de quelle manière on sera autorisé à porter des titres, à se prétendre noble dans les actes publics, ou bien s'il livrera seulement la vanité à la police du ridicule : il en était à peu de chose près ainsi avant la révolution.

Des réflexions analogues ont été faites sur la conservation des grades de l'armée et de la légion d'honneur. Ces promesses, que le roi a

faites et que l'opinion demandait, ne tiennent
en rien à la constitution. Lorsque les officiers
et les légionnaires auront des brevets délivrés
par ordre du roi, tout sera dans l'ordre habituel.

Le roi a bien voulu annoncer que nul individu ne pourra être inquiété pour ses opinions
et ses votes. Ceci est encore un article qui ne
tient point à l'ensemble du gouvernement, et
ne se rapporte qu'au moment actuel. Nos descendans seraient surpris de trouver cette amnistie
au milieu des lois qui les régiront. Le roi l'a
généralement proclamée : il devient peut-être
inutile de l'insérer dans notre charte consti-
tutionnelle.

Mais que seront les lois, quand les mœurs
sont perdues ? Vainement on combinera avec
prudence les élémens d'une constitution ; vainement on s'essaiera à établir pour jamais l'ordre
et la justice ; si la vanité et l'intérêt continuent
à fermenter parmi nous, si une ardeur inquiète
agite tous les Français, si nul ne veut se tenir
à son rang et à sa place, si l'on ne voit de
toutes parts qu'envie de monter et d'acquérir,
si les uns regrettent le passé, si les autres veulent
courir les chances d'un avoir hasardeux ; alors
nous n'aurons jamais ni morale ni repos. Il n'est
point d'institutions qui puissent résister à tous

ces égoïsmes déchaînés, à toutes ces prétentions folles et coupables. C'est là ce qui avait fait de ce prodigieux aventurier le maître de la France et de l'Europe. Sans principes, sans opinions, sans entrailles, doué d'un insatiable besoin d'agir, d'aller devant lui, il s'est trouvé à la tête d'une nation corrompue, ou, pour mieux dire, d'un amas d'hommes qui commençaient à n'avoir plus d'autre but que l'intérêt personnel, qui lui ont demandé le despotisme pour pouvoir en profiter, qui se prosternaient à ses pieds pour obtenir des faveurs, qui lui ont appris à mépriser les hommes plus encore qu'il ne faisait.

O Louis, ô notre roi ! vous nous donnerez des lois ; faites plus encore, rendez-nous des mœurs, ramenez-nous à des sentimens modestes et désintéressés. Oui, espérons-le, nous vous devrons ce bienfait céleste. Vous avez passé vingt ans dans le malheur, dans cette école de la raison et de la vertu : venez faire honte à nos vices, et nous guérir de la corruption, en nous donnant du haut du trône des exemples sacrés et salutaires. Vous respecterez la religion, vous n'en ferez point un jouet ou un vil instrument. Les lois que vous nous donnerez, ce sera pour les respecter vous-même, non pour les briser à votre gré. Le serment que vous nous prêterez ce sera dans la sincérité de votre cœur, et ce n'est pas vous qui parjurerez les saints évangiles. Les magistrats que vous placerez au-dessus de nous, vous ne les choisirez pas méprisables, afin qu'ils soient sans conscience et sans force dans leur passive obéissance, ou pour qu'ils puissent être congédiés facilement ; tout en vous sera sérieux, vrai, royal, empreint d'honneur et de religion. Vous permettrez la gloire, et vous jouirez de ce qui illustrera la France. Vous repousserez loin de vous flatteurs et courtisans. Par l'éclat d'une cour fastueuse, vous ne tiendrez pas sans cesse tendues et avides l'ambition, la vanité, l'amour des richesses. Ce sera en vivant avec ordre et simplicité, en se rapprochant du peuple, en exerçant une influence salutaire, qu'on parviendra à obtenir votre estime et votre approbation. Vous rejetterez les conseils frivoles de ceux qui veulent faire du roi de France un souverain absolu et au-dessus des lois ; gens aveugles qui n'ont su lire ni dans le passé, ni dans le présent, et dont l'opinion légère et prévenue a perdu la monarchie française tout autant que l'exagération des factieux.

Oui, Sire, voici le roi que la France est certaine de voir régner sur elle. Et comme notre nation est mobile, qu'elle vit dans la mode et l'imitation, que chez elle le monde se compose à l'exemple du roi, le voyant si honnête homme, voyant sa faveur ne tomber que sur ceux qui ont de la raison, du sérieux et de la vertu, nous rentrerons dans la bonne voie. Chacun mènera tranquillement sa vie, remplissant les devoirs que le sort lui a départis ; le magistrat veillera suivant les lois à l'ordre public, et le poste qu'on lui aura confié ne sera plus seulement un échelon pour gravir plus haut. L'action du gouvernement ne sera plus exercée sans cesse sur chaque famille, sur chaque individu ; elle laissera chacun exercer ses facultés, sans le fatiguer d'une surveillance continuelle, sans lui offrir sans cesse des appas ou des menaces.

Tous vos sujets auront leur place fixée dans l'ordre de la société, s'y trouveront heureux et calmes, ne chercheront plus à en sortir, seront fiers de leur libre sécurité. Vous serez pour eux non pas un homme dont ils ressentent et jugent la conduite et le caractère, mais une haute et tranquille providence, dont les bienfaits se succèdent par des règles invariables comme celles de la nature, environnée d'une atmosphère de vénération, objet de culte plutôt que de crainte. Le tranquille paysan, ignorant ce que c'est que souveraineté et gouvernement, criera, dans les jours de fête : *Vive le Roi*, avec le même sentiment, la même simplicité de cœur qui lui fait dire : *Notre Père qui êtes aux cieux.*

FIN.

www.ingramcontent.com/pod-product-compliance
Lightning Source LLC
Chambersburg PA
CBHW061218030726
47595CB00004B/1304